Judith von Halle

Das innere Wort

Judith von Halle

Das innere Wort

Vom täglichen intimen Gespräch der Seele mit Christus

VERLAG FÜR ANTHROPOSOPHIE

Die vorliegende Publikation ist ein
erweiterter Sonderdruck eines Kapitels aus:
**DAS WORT
in den sieben Reichen der Menschwerdung
Eine Rosenkreuz-Meditation**
Band I - V, 1. Auflage 2022, ISBN 978-3-03769-072-7

Der Verlag für Anthroposophie im Internet
www.v-f-a.ch

Einbandgestaltung: Gabriela de Carvalho
nach einem Entwurf von Judith von Halle
Satz: VfA / Herstellung: Spinner Buchbinderei
ISBN 978-3-03769-064-2

Inhalt

Wenn sie Seine Liebe wüssten,
Alle Menschen würden Christen,
Liessen alles andre stehn;
Liebten alle nur den Einen …

Novalis, Geistliche Lieder, VIII

Vorwort

Der Inhalt dieser kleinen Schrift ist dem fünfbändigen Werk „Das WORT“ entnommen. Er bildet darin das Kapitel 160 im dritten Band, welches den Untertitel *„Allerpersönlichste Worte an die Seele des Geistesschülers“* trägt.

Auf vielfache Anregung und Bitte wird mit der Veröffentlichung eines Extrakts aus diesem Buch hiermit eine Ausnahme gemacht. Das fünfbändige Werk ist als eine untrennbare Einheit konzipiert und aufzufassen. Jedoch mag das Kapitel 160 eines der wenigen des großen Buches sein, das als ein kleines, „grundsätzliches Vademekum für jedermann“ aus ihm herausgezogen und separat veröffentlicht werden kann, ohne dass damit dem Gesamtwerk Schaden zugefügt wird, ohne dass der erwähnte rote Faden durchtrennt werden muss.

Der Inhalt der nachfolgenden Schrift richtete sich ursprünglich an denjenigen Leser, der sich entlang des roten Fadens, der in den fünf Bänden durch die sieben Entwicklungsreiche der Menschheit hindurchläuft, auf den Weg gemacht hat, die verschiedenen darin enthaltenen Aspekte der geistigen Forschung in einem eigenständigen, ringenden *Erkenntnis*prozess lebendig nachzuvollziehen und der auf dieser langen *geistigen* Wegstrecke schließlich bis zu einem bestimmten

Punkt vorgedrungen ist, dort einen Moment innehalten muss und mit einigen persönlichen Worten, gleich einer *seelischen* Wegzehrung, für seinen Fortgang in der Erkenntnisarbeit gestärkt werden sollte. Den Leser des fünfbändigen Werks erwartet auch noch an anderen Stellen seines geistigen Weges durch das Werk die eine oder andere Betrachtung, die sich weniger an seinen Geist als an seine Seele wendet. Solche Betrachtungen sind nicht willkürlich in den Verlauf des Ganzen eingegliedert worden. Der Leser hat den Zuspruch an gewissen Punkten zweifellos nötig, wenn er sich durch inhaltlich und emotional herausfordernde Abschnitte mit Geisteskraft und Willensaufbietung hindurch gerungen hat.

Als rein *seelische* Stärkung ist dem Inhalt dieses Kapitels ein anderer Charakter eigen als den übrigen Inhalten, die auf die *geistige* Ernährung des Lesers zielen, (wobei hierfür die in den Einleitungen zu den fünf Bänden bezeichnete aktive Mitarbeit aufzuwenden ist). Was maßgeblicher Inhalt des großen Buchs ist, sollte den Leser zu lebendigen Erkenntnisinhalten anregen und auf diese Weise sein Verständnis für die Entwicklung unserer Welt und Menschheit, insbesondere in der gegenwärtigen und zukünftigen Zeit, möglichst erweitern.

Der Leser dieser kleinen Schrift tritt unter anderen Voraussetzungen an deren Inhalt heran. Aber auch ihm könnte es als eine Wegzehrung dienlich werden; zumindest dann, wenn sich seine suchende Seele Fragen stellt wie etwa diese: *Wie kann ich eigentlich zu einer unmittelbaren Beziehung mit dem WORT, dem*

Logos als dem Christus, in meinem täglichen Leben heute herankommen? Wie kann ich über ein verstandesmäßiges Verhältnis hinaus zu einem Erleben Seiner Präsenz gelangen?

Wer solcherlei Fragen in sich trägt, die ja aus einer tiefen Sehnsucht nach lebendiger „Teilhabe“ entspringen, dem mögen die Ausführungen in diesem Büchlein, wenn nicht Antworten, dann zumindest Anregungen dazu schenken, wie man seine diesbezügliche Sehnsucht zu stillen vermag.

Einleitend soll hier noch der folgende Aspekt, der unser gegenwärtiges Verhältnis zu dem Logos im Allgemeinen betrifft, vorangestellt werden:

Wenn man einen größeren Zeitraum unserer inneren Entwicklung ins Auge fasst, der sich sowohl in die schon weit entfernte Vergangenheit als auch in die noch weit entfernte Zukunft spannt, stellt sich die Gegenwart als eine Art Scheidepunkt dar. Wir haben als Menschheit das kindhafte Vertrauen in eine höhere, naturhaft waltende Lenkung, das uns in früheren Zeiten innewohnte, verloren. Dies hat uns aber den Weg der Befreiung vom Joch der Unselbständigkeit gegenüber einer als willkürlich waltend empfundenen Schicksalsmacht geebnet. Jeder kann heute zu der Einsicht kommen, dass sich diese höhere Lenkung, diese göttliche Schicksalsmacht dem individuellen Wesenskern jedes einzelnen Menschen hingegeben, ja dass sie sich mit ihm vereinigt hat. Denn gegenüber früheren Zeiten haben wir als individuelle Menschen mittlerweile Zugriff auf eine eigenständige und verantwortungsbewusste Weltgestaltung erhalten, die das Wesenhafte jener göttlichen

Schicksalsmacht als ihr Ideal zu verwirklichen anstrebt. Die Mittel, die wir als Menschheit und einzelne Menschen aber in der Gegenwart zur praktischen Umsetzung dieses Ideals zur Anwendung bringen können, müssen sich auf eine neue, nämlich individuell bewusste und gewollte Beziehung zu jener göttlichen Entität als ihr Fundament gründen, die nun in unser Inneres versetzt ist und die wir *dort* – und nicht etwa außerhalb unserer selbst, in einem von uns getrennten „Himmel" – aufzusuchen haben.

Aber gerade hier stehen wir in der Gegenwart an einem sensiblen Entwicklungspunkt.

Denn unsere Bewusstseinskräfte, die uns eine höhere Wahrnehmung und Erkenntnis der geistigen Wirklichkeit ermöglichen und damit auch jene Sicherheit im Leben und

Handeln verleihen könnten, die wir in früheren Zeiten aus dem vom Licht der Erkenntnis noch nicht beschienenen, kindlich-unbedarften Vertrauen gegenüber der Gottheit gezogen haben, sind gerade erst in der Anfangsphase ihrer Entfaltung begriffen (und bedürfen einer konsequenten liebe- und kraftvollen Förderung durch unser eigenes Ich und durch das unserer Mitmenschen).

Wir stehen derzeit auf einem doppelbödigen, noch recht schwankenden Grund: nämlich auf der Unabhängigkeit oder Freiheit unseres individuellen Wesens einerseits und auf unserer bisher noch unvollständig ausgebildeten höheren Erkenntniskraft andererseits. Beide Untergründe sind bis jetzt noch nicht befestigt. Solange wir nämlich unsere neu gewonnene Freiheit oder Unabhängigkeit von einer prädestinierenden göttlichen Wesenheit nicht um die mit *Gewissen* durchdrungene Gedanken-, Gefühls- und Willenssphäre unseres eigenen Wesens ergänzen, berauben wir uns eigentlich selber unseres Entwicklungsziels und werden dadurch zu willkürlich Handelnden in einer rein materiellen, dem lebendigen Geist abgestorbenen Welt. Zum anderen ist unsere höhere Erkenntniskraft in der Gegenwart noch wie ein kleines Pflänzchen beschaffen, das eben erst seine zarten Glieder aus der Erde gereckt hat, um sich dem Licht entgegenzuwenden, jedoch – kaum den Verhältnissen der Sinnesoberfläche ausgesetzt – seine ersten Wachstumsbemühungen inmitten eines eisigen Frühlingssturmes zu vollziehen genötigt ist. Denn die Entfaltung und Befestigung unserer höheren seelisch-geistigen Kräfte müssen in einer Epoche errungen werden, in der ein alle Lebensbereiche durchsetzender

Materialismus mit zunehmender Gewalt und Geschwindigkeit jede noch so kleine Bemühung im Keim zu ersticken sucht.

Auch aus diesem Grunde wird selbst derjenige, der sich Gott in seinem Innern erkenntnissuchend zuwendet, feststellen, dass er seine geistigen Bewusstseinskräfte noch längst nicht kontinuierlich im Tagesbewusstsein wachhalten oder überhaupt nur aufrufen kann, so wie es aber für eine aus höherer Erkenntnis der geistigen Wirklichkeit hervorsprießende unumstößliche Sicherheit im Handeln erforderlich wäre. Er wird daher immer wieder ins Unsichere oder Ängstliche fallen und an seinen neuen Befähigungen beziehungsweise deren noch zarten Anlagen zweifeln. Nur allzu oft wird er sich daher den Forschungsergebnissen der Geisteswissenschaft, soweit sie heute schon vorhanden sind, mit kaum mehr als seinen Verstandeskräften gegenüberstehend empfinden.

In diesem Stadium braucht es für das Sich-Einleben-Wollen in die Ergebnisse der Geistesforschung *Mut* – weshalb so viele Menschen vor einer solchen Arbeit zurückschrecken und sich anstelle dessen lieber blumigen Heilsversprechungen hingeben, um sich Trost zu verschaffen. Es muss aber das Nadelöhr erkannt werden, durch das wir als Menschheit in der gegenwärtigen Epoche nun einmal hindurchgehen. Dann wird man einsehen können, dass einem der *wahre Trost* durch die selbst errungene innere Arbeit zukommen wird, denn sie allein produziert etwas Bleibendes. Die von außen an uns herantönenden Heilsversprechungen mögen nicht einmal immer nur falsch oder hohl sein; doch sie vermögen in keinem Fall, jenen bleibenden Trost zu gewähren, der der einzelnen Seele im selbst erfahrenen *Erleben* einer höheren Tatsache zuteilwird, die sich ihr aus dem Wagnis des Hinlauschens auf die Weltentatsachen, aus mutigem Erkenntnisstreben heraus offenbart hat.

Wären wir mit voll erwachten Bewusstseinskräften für die geistigen Welten ausgestattet, bräuchte es für das Betreiben einer geisteswissenschaftlichen Arbeit keinen Mut. Doch an dieser Stelle befinden wir uns gegenwärtig leider noch nicht.

Um diesen neuralgischen Punkt, an dem wir heute stehen, hinter uns zu lassen und tatsächlich über die Schwelle zu treten, die uns noch so häufig vom selbstverständlichen Erleben des Drinnenstehens in der geistigen

Wirklichkeit trennt und uns den geistigen und physischen Geschehnissen gegenüber so ohnmächtig fühlen lässt, gibt es ein unfehlbares Instrument, das jeder von uns sofort ergreifen kann: *das intime Gespräch unserer Seele mit Christus.*

Dieses Gespräch, wenn es treulich gepflegt wird, wird jeden Menschen sicher über die Schwelle, also zu dem hinführen, was insbesondere der Geistesschüler so sehnlich erstrebt: *zu wahrer Geist-Erkenntnis.* Und es wird uns durch die so eintretende (beziehungsweise von uns dadurch erst wahrgenommene, tatsächlich bereits unverbrüchlich bestehende) Verbindung unseres Ichs mit Christus auch Mut, Kraft und Sicherheit zuteilwerden, um in der sinnlich-physischen Alltagswelt *auf jeglichem Gebiet in der besten Weise voranzukommen.*

Die aus diesem Gespräch entstehende Sicherheit gründet auf einem ganz neuen und andersartigen Vertrauen in die göttlich-geistigen Kräfte als in vergangenen Zeiten. Sie gründet auf eben jener einzigartigen Beziehung zwischen unserem eigenen Allerinnersten und dem sich vollständig uns zuwendenden, uns allezeit begleitenden, durchwirkenden Schöpfer- und Erlösergeist des Logos. Sie gründet auf der unantastbaren, vollkommen reinen, unverhüllten Offenlegung und dem liebedurchwärmten Durchdringen unseres Inneren mit dem Seinen und Seines Innerem mit dem unsrigen. Es steht das Urbild einer von jedem Selbstheitsschatten befreiten, den jeweils anderen durch und durch bejahenden und kräftigenden Liebeverbindung vor, ja *in* unserer Seele.

Das Gespräch unserer Seele mit Christus eröffnet uns den Zugang zur Wirklichkeit auch insofern, als wir dadurch an unser eigenes höheres Wesen anzuknüpfen lernen. Wir vernehmen entweder das seelisch-geistige Wort unseres heiligen Begleiters, unseres Engels, oder unmittelbar den Rat des in uns wohnenden, in uns sprechenden Christus selbst. Wir erleben, wenn wir das Wort an Ihn richten, wie unser Ich von Ihm Antwort erhält auf einer mit dem äußeren Wort nicht zu vergleichenden Verständigungsebene, auf der Ebene unseres verstehenden Herzens. So kann es auch geschehen, dass Sein Wort so an uns herandringt, dass wir des Herandringens selber gar nicht recht gewahr werden (müssen). Es spricht gleichsam unser eigenes Ich zu uns, zu unserem Orientierung suchenden Alltagsbewusstsein als die Stimme des Gewissens, als die Stimme der Einsicht, als die Stimme des weisheitsvollen Rats. Wir gewinnen durch die daraus entstehende Sicherheit wieder die Kraft, auf diese unsere innere Stimme, die Stimme unseres Ichs, mehr und mehr zu vertrauen und ihr zu folgen. Denn durch unser Gespräch mit Christus empfängt unser Ich den unfehlbaren, für unsere Entwicklung besten Rat, die – in Freiheit aufgesuchte – göttliche Führung durch die Prüfungen des Lebens.

Um die Möglichkeit der Aufnahme und täglichen Pflege dieser sprechenden Liebeverbindung geht es in der nachfolgenden Betrachtung. In dem Titel, der ihr gegeben wurde, „Das innere Wort", ist darum nicht primär oder allein auf das dasjenige Wort hingewiesen, auf welches im Titel des fünfbändigen Werkes verwiesen ist, nämlich den Logos; sondern es ist zunächst das individuelle Wort des

Menschen gemeint und damit hingeleuchtet auf das, was der Mensch mit seinem Gott (und dieser mit ihm) zu besprechen hat: auf *das tägliche intime Gespräch der Seele mit Christus.*

Möge die nachfolgende Betrachtung alle, die dieses Gespräch bereits aufgenommen haben, in jeglichen – auch und gerade in den schweren – Situationen des Lebens im Weiterführen dieses heiligsten aller Gespräche bestärken, und allen, die es noch nicht gewagt haben, es zu beginnen, Ermunterung und Ermutigung dazu sowie ein wenig Orientierung in der Frage schenken, *wie* man es beginnen kann!

Wie, so könnte sich diejenige Seele fragen, die den schmalen Pfad der Weltenzukunft zu betreten wünscht, gibt man sich *ganz*? [Bezugnahme auf die im vorangegangenen Kapitel des Hauptwerks angesprochene Arbeit des Geistesschülers und Mt 7, 13 f.: *„Gehet ein durch die enge Pforte! Denn die Pforte ist weit und der Weg ist breit, der zum Verderben hinführt, und viele sind es, die auf ihm hineingehen; denn die Pforte ist eng und der Weg ist schmal, der zum Leben hinführt, und wenige sind es, die ihn finden.“*] Oder: Was gibt mir die Kraft, mein Ich unentwegt dazu anzuhalten, mein Selbst zu überwinden? Was die Stärke, um Anfechtungen, Stürze, Leid und Demütigung zu ertragen, ohne zu verbittern oder aufzugeben?

Bei allem Bemühen um eine möglichst sachliche Vermittlung der übersinnlichen

Tatsachen, die aus der christlich-rosenkreuzerischen Meditation gewonnen werden können, muss an dieser Stelle doch einmal frei heraus von Ich zu Ich, in der allerpersönlichsten Weise das Wort an den Empfänger dieser Schrift gerichtet werden. Denn was nützte es, von allerlei übersinnlichen Tatsachen zu erfahren, wenn man sie (und viele andere und weitergehende) nicht selbst zu gewinnen imstande wäre, sondern sich darin ergeben müsste, sie lediglich „ex cathedra“ durch einen anderen hinzunehmen? Dafür hätte Christus nicht Mensch werden und durch Tod und Auferstehung gehen müssen. Es hätte sich der Logos damit begnügen können, der allgemeinen Menschheit, den Menschen als Gruppe, weiterhin Seinen Willen durch den Mund weniger Eingeweihter wie die Propheten kundzutun. Da Er sich aber zum Menschen gemacht hat, um sich uns ganz verständlich zu machen, um *von Mensch zu Mensch* mit uns sprechen zu können, ist es Sein Wille, dass *jeder* zur Einweihung komme. Und es ist Sein Wille – wie sich jede Seele überzeugen kann –, dass jene, die schon etwas von der neuen Beziehung des Ichs zu Ihm, dem Wort der Welt, erfahren haben, ihren Menschengeschwistern davon erzählen, wie es vor sich gehen kann, dass jedes Ich, welches dies nur wirklich will und bereit ist, den Weg der Selbstüberwindung zu gehen in Seiner Nachfolge, ohne Einschränkung zu denselben Einsichten und noch viel tieferen gelangen kann.

Wie kann man sich also *ganz* dem Heiligen Geist weihen und die Kraft aufbringen, tapfer und immer wieder von Neuem die Lasten der

Entsagung seiner Selbstheitssüchte zu schultern, um ein wahrer Mensch zu werden?

Man schafft es einzig durch die *Liebe*! Durch die *Liebe zu Christus*.

Dies ist der Schlüssel, von dem alle, die seit dem Zeitenwende-Ereignis zu einer bestimmten Stufe der höheren Einsicht vorgedrungen sind, gewusst und gesprochen haben. – So auch diejenige erhabene Wesenheit, die in ihrer letzten Verkörperung eine *„Philosophie der Freiheit"* niedergelegt hat und in deren Präambel (wie man sie nennen kann, auch wenn sie an einer anderen Stelle zu finden ist) die Voraussetzung für die in diesem Werk dargelegte Apotheose formulierte: *„Wenn wir frei sein wollen, müssen wir das Opfer bringen, unsere Freiheit dem Christus zu verdanken."*

So wie der Christus Jesus bereit war, den Kelch zu trinken und sich zur Eroberung unserer Freiheit zu opfern, ohne zuvor sicher zu wissen (denn Er hat die Menschenseelen durch Sein Opfer ganz ihrer Freiheit überstellt), ob auch nur eine einzige unter ihnen Seine Tat als Opfergabe bereit wäre zu erkennen und anzunehmen, das heißt für sich zu nutzen, so hat der Mensch, der zu höheren Erkenntnissen kommen will, das „Wagnis" einzugehen, zu *lieben*, *bevor* ihm jene höheren Erkenntnisse zuteilwerden, nach denen er strebt.

(Natürlich besteht noch ein recht großer Unterschied zwischen diesen Opfern: Während Christus das Opfer Seiner *Göttlichkeit* darzubringen gewillt war und dies nicht etwa, um in *Seiner* Entwicklung und Würde voranzukommen, sondern um den Lohn für Sein

Ganzopfer ohne Abstriche an Seine Kreatur zu verschenken, ist vom Menschen lediglich das Opfer seiner Egoität zu erbringen, derer er sich in seinem besseren Teil ohnedies zu entledigen wünscht.) Wer darum das Gefühl hat, ein Opfer bringen zu müssen, wenn er anerkennt, dass nicht er, sondern dass es Christus ist, der ihm das Tor zur Ausbildung sämtlicher höherer Fähigkeiten aufgeschlossen hat, der wird es nicht leicht haben, alsbald zu echten höheren Erkenntnissen zu gelangen, weil zwischen solchen höheren Erkenntnissen und seinem Ich sein von sich selbst eingenommener irdischer Scharfsinn eine nur mit Mühe zu überwindende Mauer aufgerichtet hat. Denn in einem solchen Fall fühlt sich sein irdischer Verstand, trotz all seiner offensichtlichen Beschränkungen, brüskiert, wenn er hinnehmen muss, dass zunächst die Seele etwas aus dem Bereich der *Empfindungen* – so könnte man es nennen – aufbringen soll, dass also etwas getan werden soll, ohne dass er dabei federführend ist und ohne dass er vorhersagen könnte, was er dafür oder ob er überhaupt etwas zurückerhält. Er fürchtet, sich „ausliefern“ zu müssen einem Bereich, den er nicht im üblichen Sinne kontrolliert, und darum vor dem herrschenden (Gegen-)Zeitgeist als unaufgeklärt und in seinem Vorgehen als unseriös zu gelten. Vor dem Aufbringen devotionaler Gefühle dem Schöpfer- und Erlösergeist gegenüber herrscht heute eine so große Furcht, dass viele Menschen bereits bis in ihren Willen hinunter so gelähmt sind, dass es ihnen schier unmöglich erscheint, diese kleine Vorleistung zu erbringen – obwohl es sich nicht einmal im eigentlichen Sinne um eine Vorleistung handelt, da sich Christus schließlich bereits für uns hingegeben *hat*. Es ist in Wahrheit auch nicht ein *Gefühl*, das am Anfang des Weges stehen muss, sondern dieses „Gefühl“, von dem hier die Rede ist, wird sich durch die rein verstandesmäßige Einsicht in die Größe und Liebe Gottes von selbst einstellen. Denn die Größe und Liebe Gottes kann mit dem Verstand eingesehen, auf der Ebene der reinen Tatsachen-Beobachtung erkannt werden, wenn man nur bereit ist, sich mit den unendlich weisheitsvollen und vielfältigen „Einrichtungen“ der Welt und der Erdennatur zu befassen, die sich dem menschlichen Geist überall und jederzeit darbieten.

Doch vor den Empfindungen der Bewunderung, Verehrung, Dankbarkeit und Liebe, welche sich durch diese rein verstandesmäßigen Einsichten eigentlich ganz von selbst einstellen und die für jede *höhere*, spirituelle Erkenntnis die Voraussetzung bilden, schrecken viele Menschen in der gegenwärtigen Epoche zurück. Nicht nur den eingefleischten Atheisten und vielen Naturwissenschaftlern, sondern sogar Theologen oder sich als anthroposophische Geisteswissenschaftler verstehende Menschen fällt die im Grunde *einfachste* Verrichtung so unendlich schwer: Christus, dem Erlöser der Menschenwesenheit, *Dankbarkeit* und *Liebe* entgegenzubringen – ja, Christus *zu lieben*. Dabei ist es gerade diese kleine Verrichtung der Seele, die der Schlüssel zur Schatzkammer der wahren, der übersinnlichen Weisheit ist.

Dabei muss sich der gegenwärtige Mensch, der sich an die Kräfte seines Denkens halten will, gar nicht darüber sorgen, dass er diese

Kräfte seines Denkens nicht mehr benutzen soll. Im Gegenteil: Es muss immer wieder betont werden: Der Mensch kann sie sich gerade hier zunutze machen, um zu einem initialen Impuls der Liebe gegenüber Christus zu kommen: Er ist in der Lage, sich die Opfertat Christi für die Welt sowie deren Bedeutung und Dimension für sein eigenes Dasein durch seine vorzüglichen Verstandesmittel, über die er heute verfügt, auf einer ersten Stufe *begreiflich* zu machen. Er kann *durch sein Denken* den Wert dieser Tat des Christus Jesus *einsehen*.

Darum kann mit Recht gesagt werden, dass der Mensch heute *über das Denken* an die geistige Welt herankommt. Doch es muss dieser Ausspruch im rechten Sinne verstanden werden! Er bedeutet *nicht*, dass sich der Mensch durch sein Denken einen unmittelbaren Zugang zu höheren Erkenntnissen der geistigen Welten verschaffen kann! Wohl aber ist es ihm möglich, durch sein Denken (sein vatergöttliches Erbteil) eine solche Bewegung seiner inneren Mitte, seines Fühlens anzuregen, welche es der geistigen Welt gestattet, seinem Ich Einblick in die übersinnlichen Zusammenhänge des Weltgeschehens nehmen zu lassen, ohne dafür in seine Freiheit einzugreifen, ohne ihn also damit ungebeten überfallen zu müssen.

Einzig diese ehrfürchtige, andächtige, hingebungsvolle Bewegung seiner fühlenden Mitte ist es auch, die den Menschen davor *bewahrt*, dasjenige nicht „lesen“ zu können, was er dann schauend erleben darf, oder es verkehrt zu deuten, indem er etwa die Geister, welche ihm jenseits der Schwelle begegnen beziehungsweise deren Impulse in ihrer Verschiedenartigkeit nicht zu identifizieren vermag. Davor bewahrt ihn die *Liebe* zu dem einen trinitarischen Gott. Denn *diese* Liebe öffnet ihm die Augen zur Unterscheidung der Geister.

Die „Himmelsleiter“ des gegenwärtigen Menschen weist also die folgenden Sprossen auf, auf welchen er auf- und wieder hinuntersteigt: Wenn der Mensch durch sein *Denken* entzündet *liebt*, kommt er zur *Geist-Erkenntnis*. Durch diese Erkenntnis bildet sich in ihm eine noch größere, noch *reinere Liebe* aus. Und durch sie entwickelt er wiederum ein neues, *verwandeltes „Denken“*, weil ihn seine geistigen Erkenntnisse sowie die durch sie angeregten moralischen, selbstlosen Empfindungen dazu bringen, sich von seiner Welt andere Begriffe zu bilden und die Welt dementsprechend verantwortungsvoll zu gestalten, sie zu einer neuen Daseinsstufe zu führen.

Auf diese Weise kommt er schließlich im eigenen Erleben zu einem Denken, von dem bereits an anderer Stelle die Rede war, ein Denken, das sich derart verschieden zu seinem gewöhnlichen Denken – der ersten Sprosse der Leiter – ausnimmt, dass es ihn geradezu schmerzt, dasselbe Wort dafür verwenden zu müssen, wenn er sich darüber auszudrücken bemüht. Denn es handelt sich vielmehr um ein Gedanken-*Leben*, das ihn in eine andere Sphäre des Daseins eintauchen lässt, ihn wie zu einem Bewohner einer ihm völlig neu erscheinenden, erhabeneren Lebenswelt umbildet. Steigt er also diese Himmelsleiter wieder hinunter, zurück in seine Sinneswelt, die er mittels seiner gewonnenen Geist-Erkenntnisse und der aus ihnen hervorgehenden Gefühle des Mitleids und der Liebe verwandeln will, hat sich auch die unterste Sprosse der Leiter (sein Denken) verwandelt. Sie ist nur scheinbar dieselbe wie die, die er bei seinem Aufstieg genommen hat, in Wirklichkeit gehört sie schon einer neuen Welt an.

So geht der Weg also vom *einsichtigen Verstand* zur Entzündung der *Liebe*; und von der Liebe erst zur *höheren Erkenntnis*; von der höheren Erkenntnis zur *vollkommeneren Liebe*; von dieser höheren Liebe zum *höheren Denken*; und vom verwandelten Denken schließlich zur (auf himmlische Weisheit gegründeten) *Tat auf Erden*. Mit ihr, der auf Weisheit gegründeten Tat, stehen wir wieder auf der Erde, sind von der Himmelsleiter wieder hinabgestiegen – als verwandelter, als „wahrer" Mensch.

Durch dieses Auf- und Absteigen der für den Menschen der fünften Kulturepoche aufgestellten Himmelsleiter finden wir zugleich ungehinderten und allgegenwärtigen Zugang zu der unversiegbaren Quelle geistigen *Trostes*, durch den wir unsere Loslösung vom Gefühl, an die irdischen Verhältnisse gebunden zu sein, nicht als Verlust, sondern als Gewinn erleben – ein geistiger Trost, welcher uns die Welt in uns überwinden lässt.

Darum ist es eigentlich nicht der irdische Verstand selbst, der uns davon abhalten kann, Christus unseren Dank durch Liebe zu erweisen, denn es sind ja die Mittel des Verstandes, durch die wir diese Liebe entfachen können; sondern was uns abhält, ist ein Verstand, der durch *Selbstsucht* verdunkelt wird. Die Selbstsucht ist der eigentliche Übeltäter. Und sie entspringt einer anderen Region unserer Seele als dem Denk-Bereich: nämlich dem (uns nicht vollständig zum Bewusstsein gebrachten) *Fühlen.* Wenn nun diese Selbstsucht den Verstand überfallen hat – und meistens hat sie es ganz von ihm unbemerkt zustande gebracht –, kann der Verstand zu solchem intellektualistischen Hochmut aufsteigen, dass er es fertigbringt, dem Ich glaubhaft zu machen, dass der zeitgemäße Geistesschüler gerade im Umgang mit so etwas wie dem Christus-Mysterium allergrößte Vorsicht walten lassen müsse und persönlichen Abstand zu wahren, also „wissenschaftliche" Distanz herzustellen habe, wenn er zu wahren Erkenntnissen über dieses Mysterium kommen wolle.

Dies ist aber ein großer, ein fataler Irrtum! Ja, es ist der größte und der verheerendste Irrtum unserer Zeit! Er wird von der gewaltigsten Gegenmacht hervorgerufen, die sich überhaupt nur gegen Christus erheben kann und die den Menschen seiner wahren Heimat auf immer entfremden und ihn darum jeder Möglichkeit berauben will, mit ihr in Beziehung zu treten. Sie will ihn ein für alle Mal *trennen* von seiner geistigen Heimat. Schon viel Boden hat sie gewonnen, und der ergiebigste, den sie sich erobert hat, ist beklagenswerterweise die Seele eines solchen Menschen, der bereits die Notwendigkeit zu einem neuen Verständnis der geistigen Welt eingesehen hat, nun aber auf die teuflische Einflüsterung hereinfällt, dass es dafür ebenso notwendig sei, Christus durch „reines Denken" zu erfassen, welches er von jeder devotionalen Gestimmtheit seines Herzens, die ihm in seiner Verblendung nur noch als primitive Sentimentalität erscheinen kann, rein halten zu müssen glaubt. Wenn er unter dem „reinen Denken“ nur die Reinheit oder Reinigung seines Verstandes von der Selbstsucht verstünde, die aus seinem unterbewussten Gefühls- oder sogar Willensleben aufsteigt, dann müsste er diesem Irrtum nicht verfallen.

Lasst euch von diesem schrecklichen Irrtum nicht befallen! Denn das Gegenteil ist wahr! Es ist sozusagen die äußerste Subjektivität oder, anders gesagt: die Verbindlichkeit der Seele vonnöten, um zu objektiven Erkenntnissen der höheren Welten zu kommen.

Stellt euch vor, alles abzulegen, was sich in euch für erhaben über Empfindungen wie Andacht und Rührung hält, stellt euch vor, alles abzulegen, was ihr euch durch den Intellekt an Abgeklärtheit erobert zu haben glaubt. Jetzt gilt es, das Persönlichste, Intimste, Distanzloseste aus euren Seelentiefen hervorzuholen, das sich dort finden lässt! Holt *alles* herauf! Holt auch dasjenige herauf, was euch zu einem allzu persönlichen Empfinden kommen lässt: holt herauf alle Ehrgefühle der sich in ihrem Schein sonnenden oder auch gekränkten Eitelkeit, holt herauf eure Selbstsucht, eure persönliche Habgier, euer Begehr nach „Angenehmem“ und persönlicher Zufriedenheit, das Gefühl des Schwelgens in Maßlosigkeit, zu der ebenso die übertriebene Askese zählt, holt herauf auch eure Fähigkeit zu Gefühlen der Rachsucht, des Neides und der Eifersucht! Holt sie alle herauf aus den Tiefen des Herzens, bis auch das Letzte, zu dem euer Fühlen mit jener geradezu überwältigenden Wucht, die wir kennen, fähig ist, vor euch erschienen ist! Und wenn nun diese gewaltigen Auswüchse eures niederen Fühlens gleich einem mächtigen Gebirge wogender Wellen leibhaftig vor eurer Seele sich auftürmen, wenn ihr diese Fühlensmächte in der größten Distanzlosigkeit nun vor euch habt – dann *kehrt sie um* und wendet sie *als reine Liebe* Christus zu!

Mit derselben gewaltigen Intensität, mit der ihr sonst persönlich für euch und euer Selbst im Fühlen lebt, fühlt nun zu *Ihm*! Denn wenn wir zu dieser Intensität des Fühlens fähig sind, wie sie sich ja in unseren Abgründen erwiesen hat, so sind wir auch fähig, sie im Guten aufzubringen.

Scheut euch nicht davor, Ihm mit aufrichtigen Gefühlen der Zärtlichkeit entgegenzutreten und mit Ihm innige Zwiesprache zu halten, von Herz zu Herz! Überzeugt euch lieber durch die Kraft eures gesunden Menschenverstandes davon, dass man die innere Welt eines anderen nur kennenlernen kann, wenn man sich ihm persönlich annähert, wenn man nicht aus der Distanz heraus Vorstellungen über ihn und seine Welt entwickelt und theoretisierende Traktate darüber verfasst, sondern wenn man bereit ist, ihm offen zu *begegnen*, wenn man *vertraulich* mit ihm *spricht*. Wenn man nicht erwartet, dass er alles, was sein ist, einem ihm gegenüber distanziert bleibenden „Phantom" offenlegt, zu dem unsere scheinbar überlegene Sachlichkeit im Denken (im angeblich „reinen" Denken) uns macht und sich ihm präsentiert, sondern wenn man stattdessen *sich selbst ihm öffnet*, um anzuzeigen, dass man zu dem kostbaren Seinigen Zugang begehrt, um es kennenzulernen und zu ehren.

Gerade der Geistes-Wissenschaftler

braucht sich seiner Gefühle nicht zu schämen! Er *will* ja schließlich Wissenschaftler des lebendigen (!) und also empfindsamen Geistes werden und nicht ein Artist des toten, rabulistischen Intellektualismus.

Wie es schon im Zusammenhang mit der trinitarischen Offenbarung des Logos angedeutet worden ist, können wir mit der *Christus*-Offenbarung des Logos in ein anderes Verhältnis treten als mit der Vater-Offenbarung. In der Menschlichkeit uns gleich geworden durch Seine Inkarnation hat der Logos als der Christus einen *direkten Zugang* für uns geschaffen zu Seinem allgegenwärtigen und alles umspannenden Sein: unser Ich kann zu dem Seinen sprechen und das Seine zu dem unsrigen – und zwar zu der menschlichen *Individualität*, zu jedem Ich als *einzelnem*.

Keine einzige Verbindung zwischen Seinem Ich und einem unserer Menschen-Iche ist der anderen gleich. Keine! Wenn wir uns dies einmal verdeutlichen, müssen wir uns dann nicht mit schierem Entsetzen darüber verwundern, wie es uns in unserem Leben unterlaufen konnte, diese einzigartige, intime Beziehung, die Seine Majestät der Schöpfer der Welt mit unserem eigenen Ich eingegangen ist, so wenig gepflegt oder gar beachtet gelassen zu haben?

Scheuen wir nicht davor zurück, Christus zu unserem vertrautesten Freund zu erwählen! Wenn es auch der irdische Verstand nicht fassen kann, dass der Schöpfer aller Dinge und Wesen seit Seiner Auferstehung geduldig und nachsichtig darauf wartet, dass wir Ihm unser Ich vermählen, so ist es dennoch wahr! Indem Er uns das Ich erweckt hat, hat Er uns gleichsam zu Seiner Braut erkoren. Ersehnt denn nicht auch der irdische Bräutigam den schönen Tag, an dem sich seine Auserwählte auf immer mit ihm vereint?

Als der Logos im gekreuzigten Leib Jesu die Worte sprach: „Mich dürstet", da verlangte es Ihn schon nach den Früchten Seines Opfers: es dürstete Ihn nach *uns*, nach der Vereinigung mit einem jeden unserer Iche, für deren freie Wahl, Ihm das Ja-Wort zu geben, Er starb.

Wenn wir diesen Gedanken in uns bewegen, dass das Ich des Weltenschöpfers tatsächlich mit unserem individuellen menschlichen Ich vertrauten Umgang pflegen will, dass Ihm an nichts mehr gelegen ist als daran, dass jedes einzelne unserer Iche, für das Er sich hingab, sich mit Ihm in einer unantastbaren, einzigartigen Weise verbindet, dann werden wir beobachten können, dass es schon ein anderer Teil unseres Innern ist, der solches zu denken imstande ist. Wir werden schon in zarter Weise spüren können, wie sich unser Denken *weitet* durch die aus unserem neuartigen Fühlen ihm zufließenden Kräfte. Dann werden wir eine erste *lebendige* Ahnung bekommen vom Geheimnis Seiner Menschwerdung, von jener grenzenlosen Liebe, die so mächtig ist, dass sie Gottes Erduldung Seines eigenen kreatürlichen Todes ebenso ermöglichte wie die Schöpfung der ganzen Welt; eine Liebe, in welcher der Unterschied zwischen Tod und Leben schwindet, in der Leid und Wonne einerlei werden, weil sie alles umfängt und alles durchglüht mit derselben Fülle ihrer Kraft, eine Liebe, die alles erträgt, alles verwandelt, alles neu macht. Dann werden wir etwas ahnen von der Bedeutung des heiligen Sakraments: wie Er durch Seinen verwandelten Leib und Sein verwandeltes Blut mit uns verschmilzt.

Und wenn wir eines Tages unsere *vollständige* Liebe zu Ihm entdeckt haben und sie auf dem Altar unserer höheren Menschlichkeit darbringen, jene Liebe, die uns dazu befeuert, unser ganzes Erdensein und -wirken dem zu weihen, der uns frei gemacht hat, damit es uns gelingen kann, uns von unserem Selbst zu befreien, werden wir die *neue* Eucharistie feiern. In ihr, der Eucharistie-Feier des Wortes, werden wir unsere Seele und unseren Geist so zubereiten, dass sie Ihm als *Sein* Leib und *Sein* Blut dienstbar werden, so dass auf diese Weise das Reich des Vaters tatsächlich auf Erden erbaut, Sein Reich um unser Erdenreich erweitert wird, weil der Sohnesgott in unserem Denken, in unserem Fühlen und aus unserem Wollen heraus, weil der *Logos* durch *unser Ich* im Erdendasein wirksam ist.

All dies kann erreicht werden! Es kann erreicht werden durch die *Aufnahme* und *kontinuierliche Pflege* einer individuellen Beziehung unseres Ichs mit dem Ich Christi. Wenn wir sie aber vernachlässigen, werden wir Ihn nicht kennenlernen und Ihn darum auch niemals in einem tieferen Sinne lieben können.

Je intimer diese Beziehung im Erdenleben wird, je mehr sie in den Mittelpunkt unseres Lebens rückt (bis sie uns eines Tages in jedem Augenblick unserer alltäglichen Handlungen gegenwärtig, das heißt bewusst ist), desto genauer erkennen wir die Wesenheit Christi im Nachtodlichen.

Und es ist von elementarer Wichtigkeit, dass wir im nachtodlichen Dasein Seine Wesenheit wirklich (wieder-)erkennen können! Wie schon gesagt, verlieren wir nach dem Ablegen unseres Sinnesleibes auch die elementarische Sinnesumgebung und müssen uns, das heißt unserer Seele, einen neuen Daseinsgrund erobern, um uns zurechtzufinden und nicht im Geistgebiet „verloren" zu gehen. Denn so müsste es unsere Seele bei einem unzureichenden Bewusstseinszustand empfinden. Wüsste unsere Seele nach dem Schwellenübergang nicht ganz sicher zu identifizieren, „wer" Er ist, „wo" Er ist, „wie" Er ist, müsste sie orientierungslos im Geistesraum dahintreiben. Sie wäre überwältigt von dem, was sie dort wahrnähme – denn *empfinden* kann sie dort immer noch, ja ungleich intensiver als im Erdenleben und vor allem kontinuierlich, ohne Rast oder Schlaf. Schlafen würde die Seele nur im Bewusstsein, im „Verstehen" der Dinge, die um sie herum sind und geschehen, nicht aber im Wahrnehmen und im Empfinden des Wahrgenommenen. Wie auf einer endlosen, unruhigen See müsste sich unsere Seele dann im Geistgebiet erleben, denn all die Wellen und Stürme, denen sie sich ausgesetzt und in die sie sich gleichsam aufgelöst fühlte, könnte sie nicht erkennen als die Vielzahl lebendiger Geister und deren Tätigkeiten, welche hingegen die geistig erkennende Seele zu identifizieren und einzuordnen wüsste, weshalb sie sie auch nicht wie eine aufgewühlte See, also als bedrohlich und fremd erlebt, sondern vielmehr wie das vollendete Zusammenspiel der unzähligen Formen und Farben eines blühenden Gartens. (All dies sind unzureichende, allzu sinnlich anmutende Bilder, als dass sie mehr als nur einen gewissen Eindruck von den rein seelisch-geistigen Erlebnissen im Geistgebiet geben könnten.)

Es wäre also für die Seele, die den „König“ all jener verschiedenen geistigen Hierarchien und ihrer Daseinssphären nicht zu erkennen wüsste, ein entsetzlicher Zustand im Nachtodlichen. Denn wenn sie den König nicht kennt, wie sollte sie dann wissen, wer zu Seiner Gefolgschaft zählt und ob die Dinge, die geschehen, in Seinem Sinne geschehen oder nicht? Es wäre ein furchtbarer Status, weil der Seele ihre eigene eigentliche Heimat fremd, unübersichtlich und bedrohlich erschiene. Sie wüsste weder, wo sie ist, erkennte also weder die verschiedenen Zustände oder Daseinssphären, durch die sie hindurchtreibt, als wohl geordnete „Elemente“ der geistigen Welt, als Gedanken-,

Gefühls- und Willensausdrücke bestimmter Geistwesen und deren Interaktionen, noch könnte sie sich darauf besinnen, *wohin* sie eigentlich streben sollte, nämlich durch all die „Stufen“ der seelisch-geistigen Zubereitung, welche in der esoterischen Lehre als der nachtodliche „Durchgang durch die Planetensphären“ bezeichnet werden, und durch die das bewusste Ich allmählich im Zusammenklang mit den Hierarchien und dem Herrn des Karma – welchen das Ich dafür aber erkennen müsste – sich sein künftiges Erdenleben vorbereitet. Wie mit dem Bewusstseinszustand eines Fötus im Mutterleib könnte man einen solchen Zustand der Seele vergleichen, welche die Wesenheit des Christus im Erdenleben nicht kennen und lieben gelernt hat, obwohl ihr das Karma dazu die Gelegenheit geboten hatte. In einem solchen Zustand lebte sie im dumpfen Wahrnehmen ihrer Umgebung, doch ohne Verstand und Begriff, fühlte sich aber im Gegensatz zum Fötus nicht „getragen“, sondern gestoßen und gezogen nach hier und dort, ausgeliefert einer nicht enden wollenden scheinbaren Willkür, die sich ihr niemals erhellte als das, was sie in Wahrheit ist: planvolles Walten höherer Wesen.

Wer wollte in einen solchen entsetzlichen Zustand geraten, in dem die Seele neben ihrer Orientierungslosigkeit auch noch zusätzlich von ihren sie weiter verfolgenden Schwächen geplagt wird, derer sie sich im Erdenleben nicht hat genügend erwehren können, weil ihr zum konsequenten Verfolgen des Weges der Selbstüberwindung, von dem die Rede war und welcher so großen überpersönlichen Gewinn für die Entwicklung unserer Welt bedeutet, wiederum die *Liebe zu Christus*, ihrem Erlöser, als „Brennstoff" der Entschlossenheit fehlte?!

All dies ist vermeidbar oder zumindest in einem erheblichen Maße abzudämpfen, wenn man nur den kleinen Schritt wagt, die Wesenheit Christi als eine konkrete Ich-heit ernst zu nehmen, mit der sich das eigene Ich in jedem Augenblick des Lebens austauschen kann.

Der Schreiber des Prologs hat nicht aus Beliebigkeit, sondern aus der Kraft höchster Einsicht in die Wahrheit, in der er die Wesenheit des Alpha und des Omega sich ihm offenbaren sah, zugleich auch jenen Begriff oder „Namen" erkannt, der für das Verständnis unseres menschlichen Vermögens am ehesten dieser höchsten aller Wesenheiten entspricht: Logos – *Wort*. Was wäre nun dieses *Wort* aber für ein Geist, wenn es nicht die Entelechie der Kommunikation schlechthin darstellte, des *Miteinander-Sprechens*?

Der täglich gepflegte innere Dialog unseres Ichs mit dem ersten aller Iche ist es, der – wenn er nur wirklich *jeden Tag* aufrechterhalten wird – zu einer solch raschen Entwicklung der Seele führt, dass noch im gegenwärtigen Leben *jeder* Mensch, der dies umsetzt, große Veränderungen an sich feststellen und nie wieder darüber klagen würde, dass er jahre- oder jahrzehntelang mit Meditationen oder anderen seelisch-geistigen Übungen umgegangen sei, ohne irgendwelche nennenswerten Erfolge verzeichnet zu haben. (Wobei angemerkt werden muss, dass er in diesem Fall den übersinnlichen Schulungsweg nicht adäquat oder konsequent verfolgt haben kann. Denn auch wenn jemand das direkte Gespräch mit Christus zunächst ausschlägt, aber konsequent diejenigen Übungen pflegt, die dem anthroposophischen Geistesschüler gegeben sind, wird er Erfolge auf dem Feld seiner moralischen Antriebe und spirituellen Einsichten beobachten können, welche ihn endlich doch auch zur Begegnung mit Christus führen – er macht es sich auf diese Weise nur unsäglich viel schwerer, wenn er sein Wort nicht an *das Wort* richtet.)

Wenn sich der Mensch für einen Lebenspartner entscheidet und ihm an seiner Beziehung mit diesem wirklich etwas liegt, wird er das *Gespräch* mit ihm nicht vernachlässigen. Er wird vielmehr ein starkes Bedürfnis haben, sich mit ihm auszutauschen, seine Sorgen und Fragen mit ihm zu erörtern und sich von ihm

Rat und Beistand einzuholen. Wie sollte man nun aber gerade mit dem, der uns nicht nur bis auf den Grund unserer Seele kennt (besser als wir uns selbst), der noch dazu sofort jeden unserer Fehler vergibt, wenn wir ihn einsehen und bedauern, ja der sogar für die Tilgung unserer Schuld bereit war zu sterben und uns darüber hinaus noch unfehlbaren Rat erteilt und einzig unser Wohl im Sinn hat, wie sollte man ausgerechnet mit diesem nicht sprechen?

Es scheint in der Hauptsache zwei Motive zu geben, warum dieses kostbarste und fruchtbarste aller „Gespräche" so selten stattfindet: *Hochmut* und *Bescheidenheit*. Für den von Hochmut Befallenen ist es unter seiner Würde, so etwas zu versuchen; der von Bescheidenheit Geplagte glaubt, dazu nicht würdig zu sein.

Wer sich daran gewöhnt hat – zumeist auf der Grundlage von Weisheitsgütern Dritter, was legitim und hilfreich ist –, über die „Natur" des lebendigen Geistes nachzudenken und über ihn Vorstellungen zu bilden, kann auf diese Weise durchaus schon zu wahrhaftigen Weisheitsgütern vorgedrungen sein. Wenn er es schafft, sein Ich dem Ich des Christus in herzintimer Weise aufzuschließen, können sie ihm später von großem Nutzen sein. Dann wird er diese Weisheitsgüter nämlich von einer anderen Seite kennenlernen, er wird ihre Wahrheit *erleben*, durch seine Vorbildung aber schneller verstehen, was sie bedeuten, und rascher die rechten Begriffe für seine Wahrnehmungen finden können.

Die Gefahr, der ein solcher Mensch aber unterliegt, besteht darin, dass er das unmittelbare Gespräch seines innersten Wesenskerns mit dem seines Gottes für naiv hält und glaubt, auf so etwas – im Unterschied zu den Einfältigen oder Ungebildeten – nicht angewiesen zu sein, woraufhin er es unterlässt. Es kommt für ihn von vornherein gar nicht in Frage, denn er findet es kindisch. Das Wahrspruchwort Jesu Christi, das im Matthäus-Evangelium vermerkt ist und als Antwort auf die Frage der Jünger gegeben wurde, wer unter ihnen wohl derjenige sei, der die tiefsten geistigen Einsichten erlange, kennt er als gebildeter Zeitgenosse selbstverständlich, übersieht jedoch seinen Wert, weil er es lediglich für eine argumentative Plattitüde derjenigen hält, die ihm intellektuell nicht das Wasser reichen können. Es lautet: „amé-jn, a´marna atén ...“ – *„Wahrlich, ich sage euch* [präziser: *ich soll euch sagen*]: *Wenn* *ihr nicht umkehrt und werdet wie die Kinder, so werdet ihr nicht ins Reich der Himmel kommen. Wer nun sich selbst erniedrigt, wie dieses Kind, der ist der Größte im Reich der Himmel. Und wer ein solches Kind um meines Namens willen aufnimmt, der nimmt mich auf.*" (Mt 18, 3-5) – Dieses Wort bedeutet nicht, dass die durch Studium aufgenommenen Einsichten nichts wert seien. Es bedeutet aber, dass sie ohne die kindhaft-unverbildete, nämlich unmittelbare, natürliche Beziehung des Herzens zu Christus nichts wert sind, weil sie allein genommen nicht zur wahren, lebendigen Geist-Erkenntnis führen, sondern in die Verblendung. Das Kind, dem hochtrabende philosophische Gedanken nichts bedeuten, sondern ausschließlich das, was es an seinem Gegenüber erlebt, und sich darum selbst in entsprechender Weise verhält, lässt nichts Gedankenhaft-Totes zwischen sich und sein Gegenüber kommen. Es ist ehrlich und unbefangen – es ist einfach so, wie es nur selbst wirklich ist. Diese Schlichtheit sollen wir – um Seines Namens willen – „aufnehmen“, um so *Ihn* aufnehmen zu können.

Gemeint ist die Schlichtheit, die Aufrichtigkeit unseres Herzens, wie sie uns übrigens nicht nur im Beginn unseres Lebens eigen war, sondern wie sie auch wieder zur Geltung kommen wird im Angesicht unseres Todes, wenn nämlich plötzlich alles von uns abfällt, auf das es nicht ankommt, wenn alles auf die elementarsten Seinsgründe unseres Wesens reduziert wird. Mit eben dieser Unmittelbarkeit unseres eigentlichen Wesens richten wir uns in der stummen, intimen Wort-Meditation an die (ebenfalls gänzlich unverstellte, ungekünstelte und in gewissem Sinne „unkomplizierte") wahrhaftige Ich-heit Christi. Denn darin besteht das eigentliche Wesen der christlichen Meditation: in der *unmittelbaren Hinwendung an die konkrete „Person" Christi* – welche kein Abstraktum, kein theoretischer Wissensinhalt ist, sondern eine lebendige, empfindende Wesenheit.

Wird ein bestimmter Meditations-Inhalt, ein vorgegebenes mantrisches Wort, an den Beginn des intimen Gespräches gesetzt, kann dies demjenigen, der mantrische Worte gerne bewegt und dem das ständige Leben mit Christus noch nicht natürlich geworden ist, dabei helfen, von der Beschäftigung mit seinen an die Sinneswelt gehefteten Alltagsgedanken loszukommen. Aber es kann das *Gespräch* zwischen Mensch und Gott, zwischen Ich und Ich nicht vollständig ersetzen. Vielmehr empfängt die Seele nach und nach – durch das Gespräch, das heißt unmittelbar durch Christus und Seine Ihm dienenden und uns ebenfalls unterrichtenden hierarchischen Geister – selbst Unterweisungen in die Wahrheit des Geistes und erlebt dann die Wirklichkeit des mantrischen Wortes im eigenen Geist.

Derjenige, der also zu einem diesbezüglichen Hochmut neigt, soll sich nicht darum sorgen, dass sein Gespräch mit Christus für ihn womöglich keinen angemessenen geistigen „Nährwert" haben könnte. Wenn seine Seele sich nach den Maßstäben des Himmelreichs als „gebildet" erweist, werden die Gesprächsinhalte so anspruchsvoll und reichhaltig sein, dass er mit seinen herkömmlichen Mitteln sich außerstande sehen wird, sie zu verarbeiten oder gar wiederzugeben.

Wen die Vorstellung, den konkreten lebendigen Christus zu *lieben*, zu ungewohnt oder zu mystisch anmutet, kann sich an die Anknüpfung und Pflege seiner Christus-Beziehung dadurch herantasten, dass er sich zunächst einen lebendigen Begriff von dem bildet, was als „Vorbehaltlosigkeit" gegenüber einer seelisch-geistigen Welt bezeichnet werden kann. Anschließend könnte er sich zu der logischen Einsicht überwinden, dass die Vorbehaltlosigkeit das Fundament jeder objektiven wissenschaftlichen Untersuchung darstellt – so auch zur Erforschung, ob Menschen, die von übersinnlichen Erlebnissen berichten, vielleicht doch nicht sämtlich Scharlatane oder Illusionäre sind, und man nicht vielleicht sogar selbst zu echten übersinnlichen Erlebnissen gelangen könnte. Denn die Vorbehaltlosigkeit ist wie das Kleid, das die Liebe umhüllt. Man könnte auch meinen, sie ist die erste Stufe der Liebe, auf der der Mensch das Verdanken-Können seiner Freiheit gegenüber Christus einleitet. Die Vorbehaltlosigkeit ermöglicht zunächst die Hinwendung zu etwas, von dem man noch nichts weiß und von dem man auch nicht zwingend etwas zurückerwartet. Sie ist „gebend", „schenkend", sie ist kein „Leihgeber" – und damit Träger eines entscheidenden Merkmals der selbstlosen Liebe.

Es ist gesagt worden, dass wir ohne die Pflege einer direkten Beziehung zu Christus keine Liebe zu Ihm haben können. Durch die Vorbehaltlosigkeit wird aber das Verdanken-Können des Opfers Christi möglich, und dies ist ein schöner Beginn der intimen Beziehung zwischen Menschen-Ich und Christus-Ich. Die Pflege dieser Beziehung führt schließlich zu einer höheren Art der Liebe und gleichzeitig zu immer höherer Entwicklung des menschlichen Geistes. Diese noch umfassendere, tieferdringende Liebe aber wiederum befähigt den Menschen zu einer ganz bestimmten Qualität von Taten. Seine Taten sind dann nicht nur „intelligent“, sondern auch *moralisch wertvoll*. Und einzig solche Erdentaten gereichen der Menschheit zu ihrem Vorteil.

Anders kann auch die kostbare Anlage zum lebendigen „Chaos“ im Kern nicht so geordnet werden, dass sie zur Gewinnung von lebenspendender Energie führte. Denn es bliebe dann das Ordnen nur ein vorgestelltes, ein theoretisches Ordnen (sowohl der eigenen Seelenglieder als auch der Bestandteile des atomaren Organismus).

Wer einmal bis zu dem Punkt gekommen ist, eine lebendige Kommunikation mit der

Christus-Wesenheit anzuknüpfen, wird eine verblüffende Entdeckung machen: Er wird entdecken, dass in dem Akt des Ichs, Christus für Sein aufopferungsvolles Erringen unserer Freiheit zu danken oder zu lieben (was zugleich den Schlüssel zu höherer Erkenntnis bildet), *nicht* eine „zwingende" Conditio sine qua non liegt, sondern des Menschen wahre Unabhängigkeit. Denn: *„Von der Gewalt, die alle Wesen bindet, befreit der Mensch sich, der sich überwindet, / und der in dieser Überwindung sich selber erst in Wahrheit findet, so wie die ganze Menschheit sich in Christus in Wahrheit selber finden kann."* (Goethe/ Steiner)

Man kann es also auch umgekehrt betrachten: Um vorbehaltlos, das heißt selbstlos, zu lieben, muss der Mensch sein Selbstisches aufgeben. Wenn er es aber aufgibt, wird ihm dies zur Befreiung – doch nicht nur, weil er den Zwängen seiner begehrlichen Wünsche nicht länger unterjocht ist, sondern weil er nun alle Kraft darauf verwenden kann, diejenige übersinnliche Wesenheit zu lieben, die die Quelle all seiner höheren Einsichten ist. Und wenn er Einsicht erhält, erkennt er auch wachen Sinns, dass ihm die Kräfte zur Überwindung aus dieser Quelle zugeflossen sind. Je mehr er liebt, desto weiser wird er; desto bedeutendere Entdeckungen wird er auf seinem Forschungswege machen. So ist der wahre Geistesforscher unbestechlich, wenn er forscht, und seine Forschungsergebnisse sind wahr, solange er wahrhaft, nämlich selbstlos, *liebt*.

Solche Forschungsergebnisse werden sich nie als leere, unhaltbare Theorien oder Einbildungen erweisen, sondern als zum Guten wirkende Wahrheiten.

(Aber auch diesen durchaus mystischen Zusammenhang der eigenen Unabhängigkeit – der inneren Freiheit – mit dem Aufbringen selbstloser Liebe wird man erst dann tiefer, nämlich durch alle drei Glieder seiner Wesensnatur hindurch „erlebend“ verstehen können, wenn man einmal das „Wagnis“ der Liebe eingegangen ist.)

Wenn das Menschen-Ich stets mit der Quelle seines Werdens und Heils verbunden bleibt – wie es einzig durch die Pflege einer intimen Beziehung zwischen ihm und dieser Quelle möglich ist –, gelangt es auch zu dem im Kern des Stoffes durch Christus eingepflanzten Samen vom Baum des Lebens.

Das zweite vorwiegende Motiv, ein intimes Gespräch mit Christus nicht aufzunehmen, ist eine Haltung, die das Gegenteil von der soeben beschriebenen darstellt. Der Mensch erlebt sich als nicht würdig, um sich direkt an Christus wenden zu dürfen. Ihm steigen beim Gedanken an das direkte Gespräch nicht nur sogleich seine Fehler und Versäumnisse ins Bewusstsein, sondern er glaubt auch, nicht zu wissen, *wie* er sprechen soll. Er fürchtet, dass seine Anliegen, alles, was er überhaupt vorbringen könnte, aber auch seine Sprache, ja die ganze Form des Vorbringens seiner Anliegen, viel zu banal seien, als dass er Christus damit unter die Augen treten und Ihn behelligen dürfte. Hinzu kommt die Aussicht darauf, auch künftig Versäumnisse und Fehler zu begehen, durch die er Christus zu kränken glaubt, was ihm ebenfalls den Mut nimmt, sich an Ihn zu wenden.

Einem Menschen mit solchen oder ähnlichen Gedanken und Empfindungen möge das Wort Jesu Christi, welches bereits an anderer Stelle erwähnt wurde, zur Hilfe gereichen: *Nicht die Gesunden bedürfen des Arztes! Ich bin nicht gekommen, um die ohnehin schon auf dem Pfad der Vollkommenheit weit Vorangeschrittenen zu rufen, sondern die Sünder, damit sie sich umwenden* (nach Lk 5, 31-32). Er möge sich ermutigen lassen durch die Tatsache, dass Christus dieses Wort zu den Schriftgelehrten über einen Menschen sprach, welchen Er trotz dessen eher unrühmlichen Lebenswandels für würdig befand, ihn zu einem Seiner zwölf Apostel zu erheben, nämlich über Levi, den Zöllner, den Apostel Matthäus!

Wenn man auch zweifeln mag an seiner eigenen Fähigkeit, in einem höheren Sinne bereits

„sprechen“ zu können, so darf man getrost davon ausgehen, dass diejenige Wesenheit, die das *Wort* genannt wird, sehr wohl in der Lage ist, uns zu „verstehen“, egal, wie unbeholfen man sich auch anstellen mag. Denn das vom Ich dirigierte Sprachwerkzeug ist zunächst das Herz. Und wenn dieses sich hilfesuchend zu seinem Erlöser wendet, wird es unmittelbar verstanden und versorgt.

In diesem zweiten Falle, in dem die unmittelbare Kontaktaufnahme zu Christus unterbleibt, ist ausnahmsweise einmal die Bescheidenheit am falschen Platze. Wer sich schämen kann für das, was er war oder ist oder getan hat, bringt gerade die rechten Voraussetzungen mit, das Gespräch aufzunehmen. (Und sollte es für einen solchen zaghaften, zweifelnden Menschen eine Hilfe sein, so mag er sich zunächst an seinen Engel wenden, und es wird ihm dadurch innewerden, dass dieser ihn an Seine Majestät schon weiterempfiehlt, wenn die Begegnung mit Christus doch des zaghaften Menschen verborgene wahrhaftige Sehnsucht ist.)

Wer sich nur einmal traut, den Versuch eines direkten Gesprächs der eigenen Seele mit ihrem göttlichen Leben-Spender zu wagen (– und wenn er ohnehin darunter leidet, dass er unentwegt Fehler aus Unreife zu begehen glaubt, braucht er auch keine Angst davor zu haben, seiner Sammlung noch einen weiteren hinzuzufügen –), der wird in kürzester Zeit erleben, dass er nicht nur Antwort erhält, sondern er wird auch deutlich die Freude Seines Erlösers gewahren, die ist wie die des Vaters, der seinen einst in die Ferne gezogenen Sohn wieder herannahen sieht. – Er wird Antwort erhalten, die sein Herz empfängt und von seinem höheren Verstand, den er auf einmal entdeckt, gedeutet werden kann. Er wird die Antworten kaum durch eine hörbare Stimme in Form eines aus irdischen Worten geformten Satzes erhalten (– es mag dies in Ausnahmefällen einmal so sein, aber wenn man Stimmen hört, sollte man dies zunächst besser als Zeichen dafür ansehen, dass man soeben *nicht* die Antwort Christi empfangen hat), sondern er wird sie erhalten durch eine Art Sprache oder Unterricht des höheren Verstehens, die sich mehr wie eine unmittelbare Teilhabe an den Gedanken einer deutlich höheren Geistigkeit ausnimmt. (Es handelt sich dann um die erste Wahrnehmung des lebendigen Wirkens des Wortes in Seiner Vielfalt, der ersten Begegnung mit dem, was auch die übersinnliche Lebenswirklichkeit der hierarchischen Lautwesen genannt werden kann.)

Es kommt hier einfach darauf an, dass man mit dem festen Vorsatz in die Gesprächs-Meditation eintritt, sich nicht selbst zu beschwindeln und sich irgendeine Antwort zu erhoffen, die man in Wahrheit bereits vorweggenommen hat und dann – natürlich – auch „empfängt". Das wirkliche Antwort-Erhalten von Christus nimmt sich derart grundverschieden von solchen Selbsttäuschungsversuchen aus, dass jeder, der nur die leiseste Ehrlichkeit sich selbst gegenüber aufzubringen vermag, den Unterschied sofort feststellen kann. Die Lauterkeit des eigenen Herzens und der bereits getroffene Entschluss, die Arbeit am überwuchernden Gestrüpp seiner

Seelenlandschaft anzupacken, führt zu der rechten Stimmung, in der man das Gespräch aufnehmen und darauf setzen kann, die einem zukommenden Antworten auch „hören" zu können.

Erst mag es eine Überwindung für die Seele darstellen, diese direkte Kommunikation mit Christus zu beginnen und täglich wieder von Neuem zu führen. Schon bald aber wird ihr dieser Austausch unverzichtbar, ja *lebensnotwendig* sein und die Zeit, in der er stattfindet, zur kostbarsten des Tages werden. (Diese *Sehnsucht* ist die einzige Sucht, die nicht abhängig, sondern frei macht!) Und endlich wird die Menschenseele entdecken, dass sie für diesen Austausch mit dem „Wort" nicht einmal mehr den äußeren räumlichen Rückzug benötigt, sondern, um Zuflucht zu Ihm zu nehmen, in jedem Augenblick sich in ihr verborgenes Inneres zurückziehen kann, ohne die Welt – ihr Arbeitsfeld – zu verlassen. Kommt die Seele zu diesem dauerhaften Dialog mit ihrem Erlöser, wird sie nicht etwa unpraktischer oder verträumter, sondern im weltlichen Alltag immer sicherer und geschickter, weil sie in einer solchen Begleitung auf viele Fallstricke aufmerksam wird, noch bevor sie sich überhaupt in ihnen verfangen kann. Sie wohnt in ihrem weisen Ratgeber und trifft aus der daraus ihr zuteilwerdenden Intuition die rechten Entscheidungen im täglichen Leben.

Nun könnte man vielleicht noch einwenden, dass es nicht nötig sei, dem Logos-Christus etwas über unser Inneres mitzuteilen, da Er ohnehin alles über uns weiß. Dass Er alles über jede einzelne Seele weiß, ist zwar richtig, aber wer dies einwendet, hat vergessen, dass dieser Gott im Sinn hat, *uns* zur Gottheit heranwachsen zu lassen. Er nimmt uns ernst als Seinesgleichen – und wartet daher auf *unsere freiwillige, gezielte Willensbekundung*, mit Ihm diese Beziehung einzugehen.

Gerade dies ist am Anfang des Weges eines Geistesschülers das sicherste Identifikationsmerkmal, um zu bestimmen, mit welcher Wesenheit er es wirklich zu tun hat.

Nicht nur für die chronisch skeptischen, sondern auch für die besonders vorbehaltlosen Seelen gibt es Gefahren, die in die Irre leiten können. Wer glaubt, ständig vom Heiligen Geist überschattet zu werden, oder wer gleich einem Kaffeesatzleser hinter jedem noch so kleinen Sinnesding ein geheimnisvolles, bedeutungsschweres Zeichen höherer Mächte vermutet, wer sich leicht von jedem beeindrucken lässt, der von sich selbst behauptet, ein Hellseher zu sein, wer sich zu Menschen hingezogen fühlt, die fast ausschließlich von „lichtvollen" Visionen und Frieden und Freude reden, und wer sich in seinem Harmoniebedürfnis gestört fühlt, wenn die Geisteswissenschaft von ihm fordert, sich auch mit den herausforderungsvollen oder unangenehmen Seiten der Welt- und Menschheitsentwicklung näher zu befassen, dem fällt es für gewöhnlich eher schwer, zwischen Wirklichkeit und Illusion zu unterscheiden. Er wird dazu tendieren, der Illusion den Vorzug vor der Wirklichkeit zu geben, weil sie – im Gegensatz zur Wirklichkeit, deren Erkenntnis nicht selten das Gefühl einer gewissen Entzauberung vermittelt – durchweg lichtvoll, freudevoll, verzückend, beglückend, erfüllend, siegreich, schön und stets faszinierend ist.

Seelen, die einen Hang dazu haben, sich von solchen allzu vagen, blumigen und Harmonie versprechenden Mitteilungen angezogen zu fühlen, geben ein durchaus bedauernswertes Bild für das geistige Auge ab. So wie ein solcher Mensch nach außen hin andauernd ekstatische Begeisterung versprüht, so wird auch er im Innern seiner Seele von *einem* Aufblitzen eines Gedankens oder Gefühls zum *nächsten* gerissen, verweilt nie lange bei irgend etwas, besonders nicht bei unangenehmen und aufwendigen Herausforderungen, pendelt vielmehr zwischen Erregung und Rausch. Es ist ein einziges Funkenstieben, von dem sich die Seele entzünden lässt und das sie selbst auswirft, wodurch sie mit diesem Funkenstieben auch andere Schwache befällt, die gerne gute Nachrichten vernehmen, um einen Grund zu finden, sich nicht um die eigene, mühsame Läuterung bemühen zu müssen.

Natürlich würde sich ein Mensch, auf den die erwähnten Merkmale *allesamt* zutreffen, ohnehin nicht um eine ernste Beziehung mit Christus bemühen – auch wenn er es beteuern oder sogar selbst glauben sollte –, weil ihm dies in Wahrheit viel zu anstrengend und unspektakulär vorkäme. Ein solcher Mensch fühlte sich in einer pantheistischen Unverbindlichkeit der lichtvollen All-Liebe und wonnevollen Harmonie viel wohler als in einem direkten, „nackten“ Austausch mit dem lebendigen Wort, das sich selbst auch als die Wahrheit bezeichnete.

Aber solche Extremen sind selten bei Menschen, die sich für die Geisteswissenschaft begeistern, darum ist ja von einem *Hang* zu solchen Anwandlungen die Rede gewesen, und diejenige Seele, die einen solchen Hang entwickelt hat, wird am Beginn ihres Schulungsweges zunächst vor der Aufgabe stehen, an den seelischen oder geistigen Impulsen, die ihr besonders angenehm, lichterfüllt und großartig erscheinen, eine weitere Charakteristik zu entdecken: Solche Impulse tauchen auf einmal wie aus dem Nichts auf, und dies auch noch häufig. Sie begegnen der Seele, ohne dass sie sich – durch die erwähnten seelischen Vorkehrungen – irgendwie darum hätte bemühen müssen, und genau dies erscheint ihr in ihrer Verfassung nicht selten als göttliches Zeichen. „Göttlich" mag die Wesenheit, von der solche Impulse ausgehen, im weitesten Sinne wohl sein, aber es handelt sich bei ihr nicht um diejenige Gottheit, welcher der christlich-rosenkreuzerische Geistesschüler dient. Denn das, was die arglose, leicht zu beeindruckende und zu verunsichernde Seele hier als göttliches Zeichen auslegt, ist in Wahrheit eine Art Überfall. Sie wird von solchen herrlichen Visionen oder Einbildungen – seien es ihre eigenen oder solche, von denen ihr andere vorschwärmen – völlig vereinnahmt. Auch wenn sie es nicht so auffasst, weil derlei Überfälle ihr angenehm erscheinen und ihr „etwas geben", lassen diese sie in Wahrheit *nicht frei*. Sie *fühlt* sich natürlich durch solche Impulse zunächst frei, weil sie sich durch sie von allem Sorgenvollen, Entbehrungsreichen und Leidvollen befreit fühlt. Dafür könne doch wohl ausschließlich die barmherzige Liebe Christi in Frage kommen, der die Menschheit von aller Pein erlöst hat und sie seit Seiner Auferstehung und dem Pfingstereignis unentwegt mit Seinem überirdischen Licht überflutet, das in jedem Falle den Sieg über die Mächte der Finsternis davontragen werde – so ist dann die Seele überzeugt.

Derartige Missdeutungen können ihr allerdings nur dann unterlaufen, wenn sie zum einen wirklich noch gar nicht weiß, wie sich eine Begegnung mit dem Ich der Iche ausnimmt – bei der das Ich nämlich vor dem, der spricht, ganz still wird und, wenn es das erste Mal geschieht, sogar erschrecken wird wie einst auch die Jünger, zu denen Er sprach: schelám lachón! A´ná! *La tewó! Friede euch! Ich* [bin es]! *Erschrecket nicht!*), wenn ie also darum auch noch keinen Begriff vom Wesen wahrer Freiheit hat, und wenn sie zum anderen auch nicht bereit ist, sich bei solchen

Persönlichkeiten darüber Rat einzuholen, die nicht zuletzt durch die Art ihres Lebenswandels unzweifelhaftes Zeugnis vom Geheimnis christlicher Freiheit – der Selbstüberwindung, des Gewinns durch Opfer – abgelegt haben. Nur dann können der Seele eigentlich solche Missdeutungen unterlaufen.

Werden einer Seele hingegen wirklich große geistige Gnaden zuteil, stellen sich untrügliche Anzeichen ein, die auf die Reinheit und Güte ihrer Quelle schließen lassen. Je mehr einer Seele zuteilwird, desto umfassender wird ihr Schweigen über diese Gnaden, der Verzicht darauf, sich mitzuteilen – auch wenn sie zuweilen, aus Dankbarkeit darüber und aus dem Verlangen heraus, die Größe ihres Wohltäters einem jedem bekanntzumachen, einen spontanen Drang danach verspürt. Doch im großen Ganzen stellt sich der

Wunsch danach ein, vollkommen unentdeckt zu bleiben, weil sie erfahren hat, dass ihr diese Demutsübung am besten bekommt und sie weiter voranbringt. – Aber mit wachsender Einsichtnahme in die Mysterien des Geistes wächst auch ihr Verantwortungsbewusstsein ihren Mitmenschen gegenüber. Sie weiß sehr wohl, dass man aufgrund der so unterschiedlichen Grade seelischer Vorbereitung unter den Menschen sehr vorsichtig mit Mitteilungen übersinnlicher Erkenntnisse umzugehen hat.

Sollte es tatsächlich der direkt vom Herrn des Karma der Seele zugewiesene Auftrag sein, zum Wohle ihrer Mitmenschen etwas von dem zu offenbaren, was sie empfangen hat, wird sie alles vermeiden, was auf ihre Mitmenschen irgendwie sensationell wirken könnte. Sie wird sich vielmehr daran abmühen, das schwierige Kunststück zu vollbringen, alles Persönliche aus ihren Mitteilungen herauszuhalten oder es nur so weit einfließen zu lassen, als es jenen, denen sie sich darüber mitteilt, mit großer Wahrscheinlichkeit dazu verhelfen kann, dadurch selbst den Zugang zur geistigen Welt, zu Christus zu finden.

In jedem Falle aber wird sie stets darum bemüht sein, das persönlich Erlebte mit größtmöglicher Sachlichkeit darzustellen, denn es geht ihr schließlich um die Sache selbst. Wenn sie zum Beispiel gewahrt, dass unter denen, die ihr zuhören, Seelen sind, die in unvorteilhafter Weise, das heißt zu rasch, entflammbar sind, wird sie lieber gar nichts sagen und eher die übrigen hungrig davongehen lassen, als es zuzulassen, dass ihre Mitteilungen zur Fütterung der Begeisterung für luziferische Gaukelbilder instrumentalisiert werden. Von anderen umschwärmt und bewundert zu werden, ist ihr darum der größte Graus und bereitet ihr bis ins Physische gehende Schmerzen, weil sie daran erkennen muss, wie wenig sie noch auf dem Gebiet, das ihr so sehr am Herzen liegt, zustande bringt, nämlich die Aufmerksamkeit ihrer Mitmenschen auf den zu lenken, dem alle Bewunderung und Hingabe gebührt.

Es ist also ein Zeichen dafür, dass *Christus* der Meister der Einweihung ist und kein anderer, wenn dasjenige, was der Seele aus der geistigen Welt zufließt, sich *nicht aufdrängt.* In aller Regel muss schon zuvor etwas von der Seele selbst ausgegangen sein, was einen in gewissem Sinne radikalen Umbruch in ihrem Inneren darstellt, welcher das Selbst auf Verzicht gründet. Maßhaltung und Nüchternheit sind dann die wohltuenden Früchte der echten Liebe der Seele zu Christus und derjenigen des Christus zu ihr sowie das von der Menschenseele energisch betriebene Ablöschen jeglichen Funkenflugs, um für die Entzündung der unauslöschlichen Wahrheits- und Weisheitsflamme Platz zu schaffen.

Wozu nun dies alles nützlich ist, soll noch einmal wiederholt werden:

Will heute derjenige, der in Kenntnis der gegenwärtigen Krise der Menschheit ist, effektive Mitarbeit am Abbremsen der ahrimanischen Beschleunigung der irdischen Verhältnisse leisten, damit für die Entwicklung der zumindest grundlegenden Attribute einer neuen Leiblichkeit des Menschen und der Erde noch genügend Zeit bleibt (nämlich bis zur „apokalyptischen Ernte“ am Ende des siebenten Zeitraums des gegenwärtigen Formzustands des Mineralreichs unserer Erde), so *wird er dies leisten können*, *wenn* er sich ganz dem Heiligen Geist weiht; wenn er alles tut, was in seiner Macht steht, um durch die Arbeit am eigenen Selbst ein tauglicher Mitstreiter des wahren, heiligen Zeitgeistes und des Christus zu werden. – Zur Beantwortung der Frage, wie man aber eine solche Konsequenz im Leben aufzubringen vermag, sollte durch diese (an das Persönliche gerichteten) Hinweise beigetragen werden, die sich in der folgenden Weise zusammenfassen lassen:

Wer heute ein nützlicher Mitarbeiter am Werk des Logos sein will, wird einsehen, dass er dafür den steinigen Weg der Läuterung seiner Seele einzuschlagen hat. Um damit bis zum Äußersten ernst machen zu können, nämlich so, dass auch in der Zeit der größten Prüfungen die Konsequenz nicht verloren geht und alle Taten (zu denen auch Gedanken und Empfindungen gehören) unter dem wachsamen Auge des Ichs vollbracht werden, ist die *Liebe* nötig. Die Liebe zu Christus. Um sie aber aufzubringen und wachsen zu lassen, hat man eine direkte Beziehung zu Christus aufzubauen, die einem ermöglicht, Ihn kennen und schätzen zu lernen für das, was Er ist und was Er vollbracht hat – eine Erkenntnis ist dies. Die Grundlage aber für die Pflege dieser Beziehung ist das *innere Wort*, das meditative Gespräch zwischen dem Kern des eigenen Innern und dem lebenden „Wort" selbst.

Darum ist gesagt worden: An der Christus-Erkenntnis wird sich die Zukunft der Welt und der Menschheit entscheiden. Denn sie erst ermöglicht die

Bildung des Gewissens, lässt den Menschen bewusste moralische Taten im Sinne der Menschheitsentwicklung vollbringen. Erst wenn der Mensch etwas von der Bedeutung der Opfertat Christi verstanden hat, wird er fähig, dem Menschheitsrepräsentanten (dem Repräsentanten seiner eigentlichen, höheren Menschlichkeit) nachzufolgen. Und folgt er Ihm wirklich nach, geht er seinen Weg allezeit in Dankbarkeit, natürlicher Demut und Liebe. Dann liegt dem Streben nach höheren Einsichten und Fähigkeiten die Einsicht in die Notwendigkeit ihrer Aneignung zum Wohle der Welt zugrunde; das Motiv ist dann nicht ein neugieriges Interesse an den Weistümern und Befähigungen – damit mit bloßem Interesse als Motiv für den Erwerb – würde auch keiner bis zum Schluss durchhalten. (Man denke an die in der Offenbarung Johanni aufgeführten Zukunftsereignisse!) Ist das Motiv jedoch selbstlos, kann das Unternehmen gelingen, *wird* es gelingen. So sind die wirklichen Schüler Christi, auch wenn sie fehlbar sind und stürzen können, nie „falsch“.

Dies sind die Mittel, welche der wirklich Entschlossene anwenden kann. Es mag noch andere geben. Aber diese zumindest führen zum Ziel. Sie sind diejenigen eines christlich-rosenkreuzerischen, eines johanneischen Geistesschülers.